GIROUD . DETHOREY

LOUIS LA GUIGNE

T.1

Glénat

Réalisation Partenaires
Dépôt légal septembre 1990

Pour une sale guerre, ç'avait été une sale guerre...
... Ils devaient bien rigoler ceux qui avaient été là-bas quand le curé leur parlait de l'enfer au sermon du dimanche...
L'enfer, le vrai, ils l'avaient connu ....
NOM FERCHOT
Prénoms Louis Emile
Né le 18 Juin 1891
à Chamberet (Corrèze)
Taille 1, m. 80
Signes part Néant.
Pour le Préfet
u l'ouverture d'un nouveau front oriental.
rale des Alliés. Les Allemands résolurent de
en février 1916. La défense fut confiée par
deux ans, commandant d'un groupe d'armées.
C'est bon, Ferchot vous êtes en règle.
Un enfer qui avait parfois duré des siècles...
Ah, vous verrez, le monde a bien changé depuis votre départ!

Ce foutu pays de France ! Pour changer, il avait bien changé ! Une subite fièvre industrielle avait couvert les rues d'eczéma bétonné et de pustules métalliques ...
Mais c'est quand même bon de fouler à nouveau son pavé !
P. BRE
BOIS
Et ce chatoiement des couleurs ... Les femmes ... Louis avait presque oublié qu'elles pouvaient exister !
Toi, gars, t'étais avec ceux de la Mer Noire pas vrai ?
MUTZIG
PILS
Hm... Et tu as vu ça comment ?
C'est lui ... Ne le perds pas de vue, je vais prevenir Tronchard !
Tu en avais bavé Louis ! Plus que ta part même ! Et pourtant, ce n'était pas fini ....

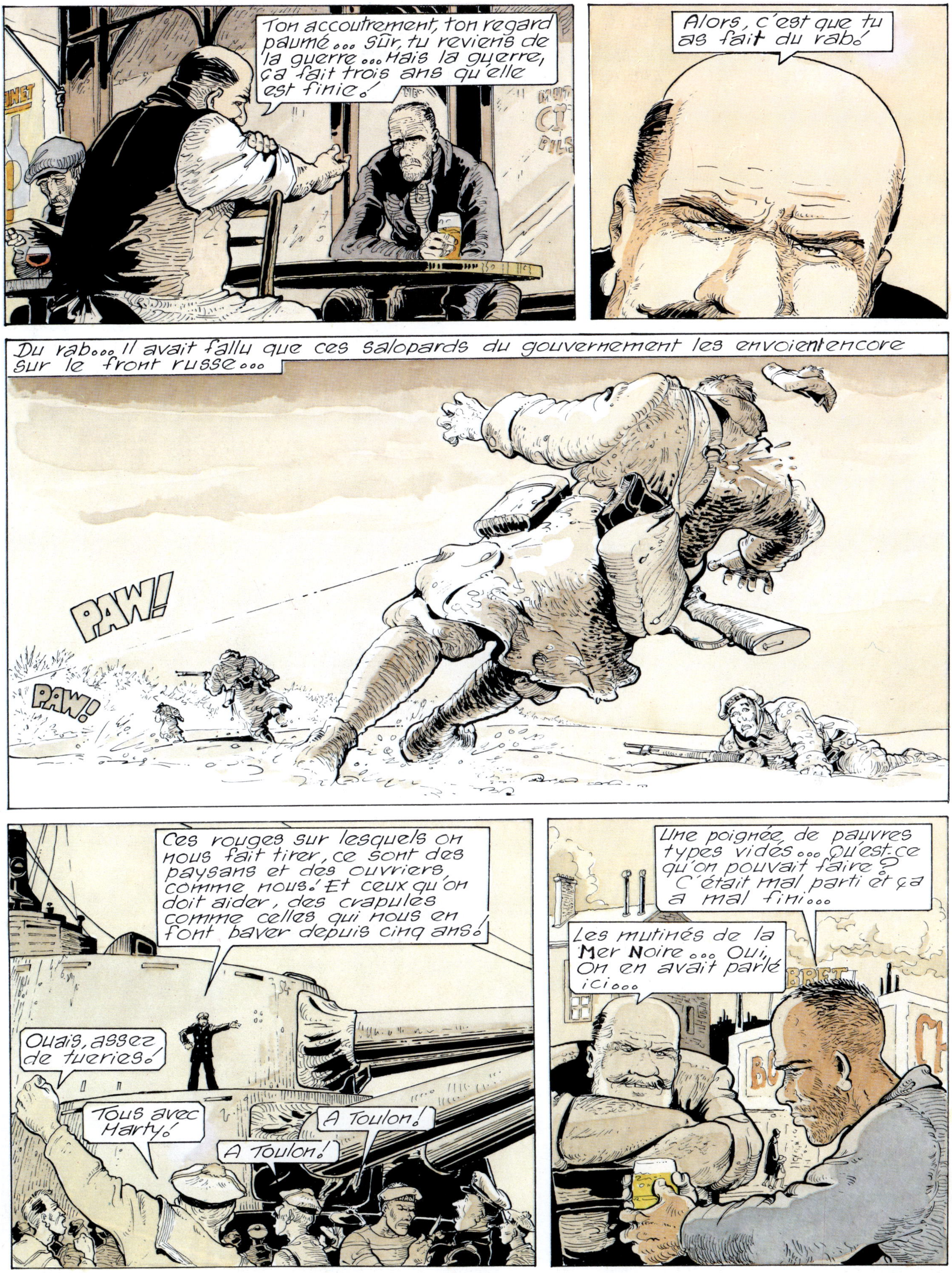

Ton accoutrement, ton regard paumé... Sûr, tu reviens de la guerre... Mais la guerre, ça fait trois ans qu'elle est finie!
Alors, c'est que tu as fait du rab!
Du rab... Il avait fallu que ces salopards du gouvernement les envoient encore sur le front russe...
PAW!
PAW!
Ces rouges sur lesquels on nous fait tirer, ce sont des paysans et des ouvriers, comme nous! Et ceux qu'on doit aider, des crapules comme celles qui nous en font baver depuis cinq ans!
Ouais, assez de tueries!
Tous avec Marty!
A Toulon!
A Toulon!
Une poignée de pauvres types vidés... Qu'est-ce qu'on pouvait faire? C'était mal parti et ça a mal fini...
Les mutinés de la Mer Noire... Oui, on en avait parlé ici...

J'ai échappé au peloton, mais je me suis retrouvé à l'Ile du Diable...
Pourtant, paraît qu'on vous avait amnistiés?
Six mois après, oui... Mais entre-temps, j'avais essayé de me faire la malle... "Avec violences" qu'ils ont dit... Alors, j'en ai pris pour deux ans de mieux...
Crénom! Alors, ça fait sept ans que t'en baves?!
A quoi bon ajouter qu'il était de la classe 1911?...
Et que le 1er Août 1914, ils s'apprêtait à fêter la fin de ses trois ans de service?...
RÉPUBLIQUE FRANÇAISE
MOBILISATION GÉNÉRALE
Oui... il vient de prendre celui de 9 heures 37... A vous maintenant!

La campagne qui s'étalait sous les yeux de Ferchot n'avait plus rien à voir avec celle qu'il avait connue... Un siècle était bien mort dans les tranchées de Verdun...
Et Paris ! Cette bonne vieille aussi avait changé !
Sa mère... La seule famille qui lui restait... Il avait appris sa mort l'an dernier en Guyane... Sa mort dans la misère et la solitude...
Mais avant de trouver un endroit où poser sa carcasse pour la nuit, Louis avait un rendez-vous...
La solitude ? Voire !
?!

La tombe était couverte de fleurs!
Elles sont de moi, monsieur Ferchot...
Ce petit homme avait la main moite mais la poigne franche: un bon point...
Maître Morbecque... C'est moi qui ai liquidé les dernières affaires de votre pauvre mère...
Elle... elle avait de quoi employer un notaire?
Phh! Elle n'avait même plus de quoi régler son boucher! C'est là que je l'ai connue, d'ailleurs. Elle m'a fait tellement pitié que j'ai essayé de voir ce qu'on pouvait faire...
Cela s'est résumé à peu de choses... Elle ne luttait plus, surtout lorsqu'elle a appris que vous étiez au bagne! Mais venez donc chez moi, je vous remettrai ce qu'elle m'a laissé...
Il y a longtemps que vous êtes à Paris?
Deux ou trois heures... C'est vrai que sa pension était maigre...
Voilà... oui, sa pension était maigre mais pendant un bout de temps, elle a suffit à payer le loyer...
Malheureusement il y a eu Marcillac...
Marcillac?!!

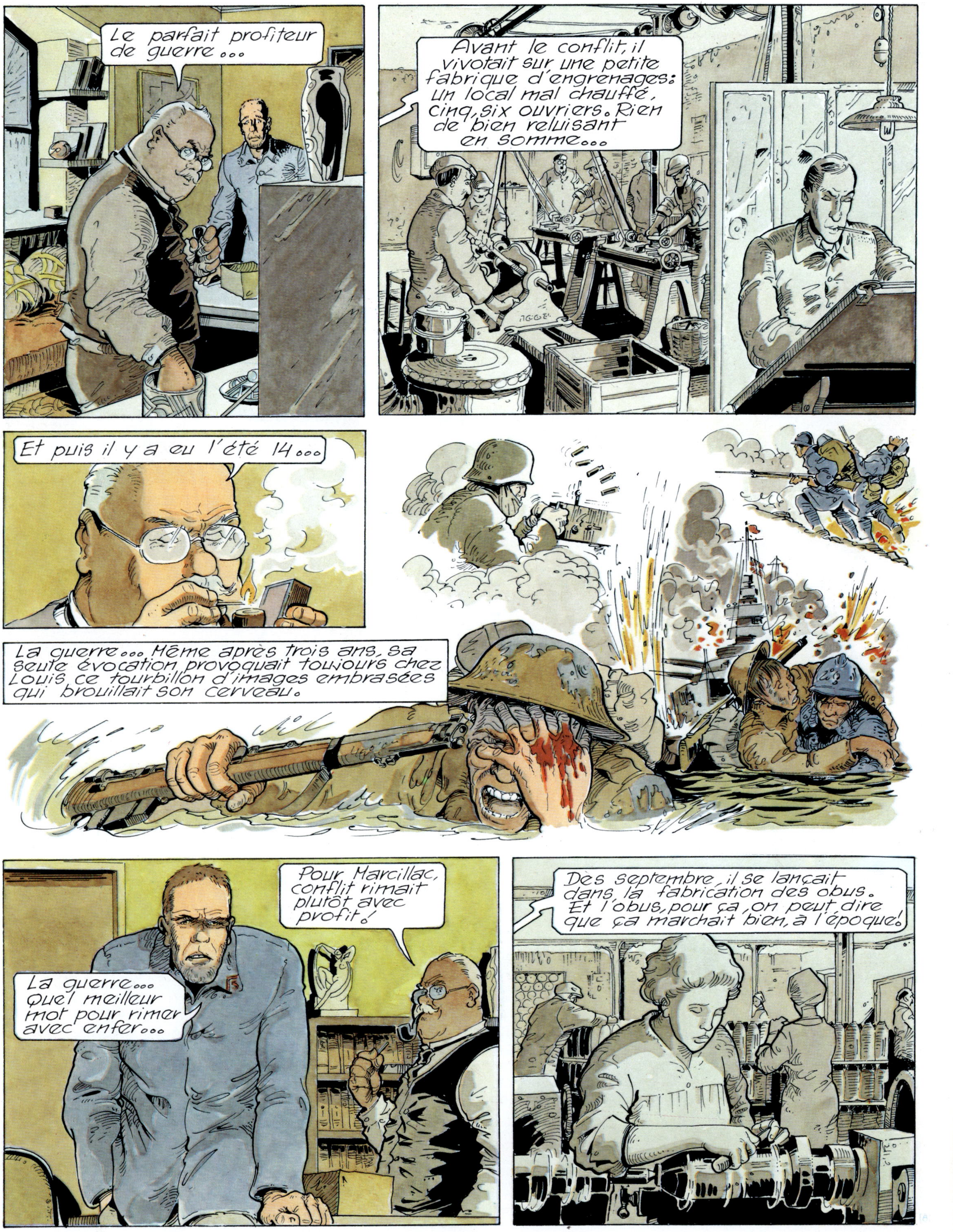

Le parfait profiteur de guerre...
Avant le conflit, il vivotait sur une petite fabrique d'engrenages: un local mal chauffé, cinq, six ouvriers. Rien de bien reluisant en somme...
Et puis il y a eu l'été 14...
La guerre... Même après trois ans, sa seule évocation provoquait toujours chez Louis ce tourbillon d'images embrasées qui brouillait son cerveau.
La guerre... Quel meilleur mot pour rimer avec enfer...
Pour Marcillac, conflit rimait plutôt avec profit!
Dès septembre, il se lançait dans la fabrication des obus. Et l'obus, pour ça, on peut dire que ça marchait bien, à l'époque!

En même temps, on l'a vu fréquenter assidûment les salons parisiens où les généraux venaient parader, entre deux tueries.
Bien que ses succès féminins ne fussent pas négligeables, il recherchait plus le contact des galons que celui des jupons !
Aussi, le cercle de ses relations s'est-il rapidement élargi.
L'ILLUSTRATION
En dix sept, il a versé dans la pièce détachée pour char...
Il était désormais à la pointe du progrès son étoile est montée, en même temps que son chiffre d'affaires.
CHARS
LE FRONT DE L'OUEST EST DESORMAIS ÉQUIPÉ PAR DU MATERI
% FRANCAIS ! LE NOUVEAU CHAR FT. 1917 EST POURVU
MOTEUR RENAULT, SON CANON VIENT DES FONDERIES D
, LA DIRECTION A ETE MISE AU POINT AUX
D'ENGRENAGES MARCILLAC, LE BLINDAG
La spéculation, la bourse... il est vite devenu un banquier très... coté !
Et pour le malheur de votre mère, un promoteur...

Il a racheté l'îlot d'immeubles insalubres où elle vivait pour faire du neuf...
Madame Ferchot n'avait pas les moyens de se reloger; mais Marcillac a été intraitable...
Il l'a fait expulser...
Elle a trouvé refuge dans une remise à outils de la rue Mouffetard, et puis la pneumonie l'a emportée...
L'infâme salaud! Et il continue à courir, après ça ?!
J'ai entamé un procès contre lui; mais le bougre est bien protégé! Il serait malhonnête de vous donner de faux espoirs...
Et puis... il y a plus urgent pour vous!

Le ventre... C'est vrai qu'il fallait le satisfaire au plus vite. Il se moque bien des passions, celui-là.
Il était bien brave, le notaire : il lui avait prêté un lit et quelques francs. De quoi acheter le journal et ses petites annonces, porteuses d'espoir.
OLYMPIC
.CYCLES.
...Et de désillusions...
C'était une mauvaise période pour demander du travail, héros de guerre ou pas...
Partout la même réponse, dans les bureaux feutrés. Et dehors, Paris, avec sa gueule moche...
Paris et son destin...
?

Qu'est-ce qui se passe?
L'a pas de licence et pas de papiers.
Et puis ne te mêle pas de ça, vagabond!
voter le
isme?
Z'ont raison mon gars! l'aurait fallu que je sois plus soigneux avec ma jambe à Verdun. P't'êt qu'y m'auraient rendu mon emploi!
Alors on va se faire trouer pour un ramassis de canailles et après faudrait encore crever de faim?!
Non mais dis donc toi?!? Et d'abord, fais voir un peu tes pap...
PAF!
OUCH!
PAF!

PAW!
Le con! Il a tiré! Laisse-moi là et file! Tous les pandores du coin vont rappliquer en moins de deux!
DING! DING!
Dis pas de conneries! Allez, vite!
Sauvés! C'est là ... une bande de sacrés bons copains!
Tu vas leur plaire, sûr!
?!?

Si dehors, l'immeuble faisait grise mine, dedans, on ne s'ennuyait guère!
J'amène une nouvelle recrue, les potes!
LE PÈRE
Triple-patte!?! Non mais t'es complètement cinglé?!
On met trois ans à trouver une planque sûre et tu la balances au premier venu!?
Hé là! D'abord, c'est pas le premier venu: il a sonné deux flics pour me tirer d'affaire!
Ouais! Il a peut-être seulement caressé des copains pour gagner la confiance d'un crétin dans ton genre!
D'abord, comment s'appelle-t-il?
Ben... à vrai dire, je...
Louis Ferchot.
Eh bien mon petit Louis, si tu ne prouves pas très rapidement que ton âme est claire comme un matin de mai...
Elle ne te restera pas bien longtemps soudée au corps...
ARRÊTEZ!
Voici la preuve de sa loyauté!

Le petit homme qui venait de parler tenait de la taupe et du renard...
Ferchot... Ça me disait bien quelque chose... Chapitre mutineries: Son nom suit celui de Marty et Tillon dans l'affaire de la Mer Noire. Cinq ans de guerre deux de bagne...
Les coups qu'il a donnés aux p ndores n'étaient certainement pas des caresses!
Enfant de la Révolution et bagnard de la Liberté! Tope là, l'ami, tu es des nôtres!
Et c'est de cette façon curieuse que Louis Ferchot fit la connaissance des anarchistes de Marvejols...
Marvejols, le patriarche... ...Ancien communard, il avait connu Vaillant et travaillé avec Bonnot...
Sa méfiance s'expliquait!
Celui qui venait de le tirer d'affaire c'était Célestin Floque, dit "Feuille de chou" Le typo et "L'archiviste" du groupe: Contre l'état policier, il fallait lutter avec les mêmes armes!
Berenzki était le théoricien de l'équipe. C'est dans sa Russie natale qu'il avait appris à manier avec une égale dextérité Bakounine et le Colt 38...
"Triple patte" lui, avait perdu son véritable nom à Verdun, avec sa jambe...
Les quelques sous que lui rapportait son accordéon nourrissaient moins le groupe...
...que les rapines de "Caïn" (Dont on ne savait trop si c'était la société qu'il haïssait, ou le genre humain en général...)
...Ou que les toiles de Simon Soutine "montparno"!
Mais la véritable source de richesse était ailleurs...

Lucienne... Une femme à semer un printemps même dans le coeur d'un Ferchot!
Et... et vous? vous êtes artiste aussi?
Laisse là les mondanités, soldat! Le "vous" c'est bon pour les aristos. Ici, on est tous frères!
Artiste... en quelque sorte! Et même si ce prétentieux de Simon n'est pas tout à fait d'accord pour m'attribuer ce titre, la bande d'incapables que tu vois là vit plus sur mon dos que sur le sien!
En deux mots, elle est modèle chez Poiret!°
Chez... chez Poiret? Pffuui!!
° Fameux couturier des années vingt.
C'est pas tout ça, Louis! J'ai cru comprendre que tu avais quelques problèmes?
Oh, si peu! J'ai plus de famille, plus de maison, pas de travail et plus un sou vaillant!
Et pour tout arranger, je viens d'assommer deux flics!
Ben pourquoi qu'en attendant, tu vivrais pas ici, hein? Avec nous tu risques plus rien!
Note que c'est pas un embrigadement: tu feras tes affaires et nous les nôtres, voilà!
Vrai! Ça nous ferait plaisir de te rendre ce service!
Ma foi...
J'accepte votre aide mais par honnêteté, je dois vous mettre au courant de toute la situation...

Et Louis raconta à son tour la mort de sa mère.
J'irai jusqu'au bout pour qu'on me rende justice contre ce salaud de Marcillac. Mais ça risque d'aller loin : il a des appuis...
Appuis ou pas, faut le dessouder un type comme ça !
Sûr ! On va même t'y aider, tiens !
Merci, mais... je préfère la voie légale. Je veux pas croire que le pays pour lequel je me suis battu pendant cinq ans soit plus que de la pourriture !
Maintenant, faut que j'aille chercher mes affaires chez le notaire.
Je t'accompagne. A cause des flics et pour te faire sortir de notre dédale !
En tout cas, quand tu auras perdu tes illusions d'enfant de choeur, fais nous signe : On sera toujours prêts !
Bonne chance quand même, Louis !
C'est avec des nouvelles fraîches que Maître Horbecque attendait Louis...
J'ai avisé Marcillac de votre retour : Il est prêt à discuter avec vous !
Discuter ?! Et de quoi ?! Je veux qu'il soit condamné, c'est tout !
Peut-être vous donnera-t-il satisfaction d'une autre manière. Le rendez-vous est pour demain soir dix heures : Allez-y et tâchez de vous contrôler. C'est tout votre intérêt !
Il a raison, Louis ! Faut pas laisser passer l'occasion. Et au retour, passe nous raconter !
MÉTROPOLITAIN
Tu verras : tout se passera bien !

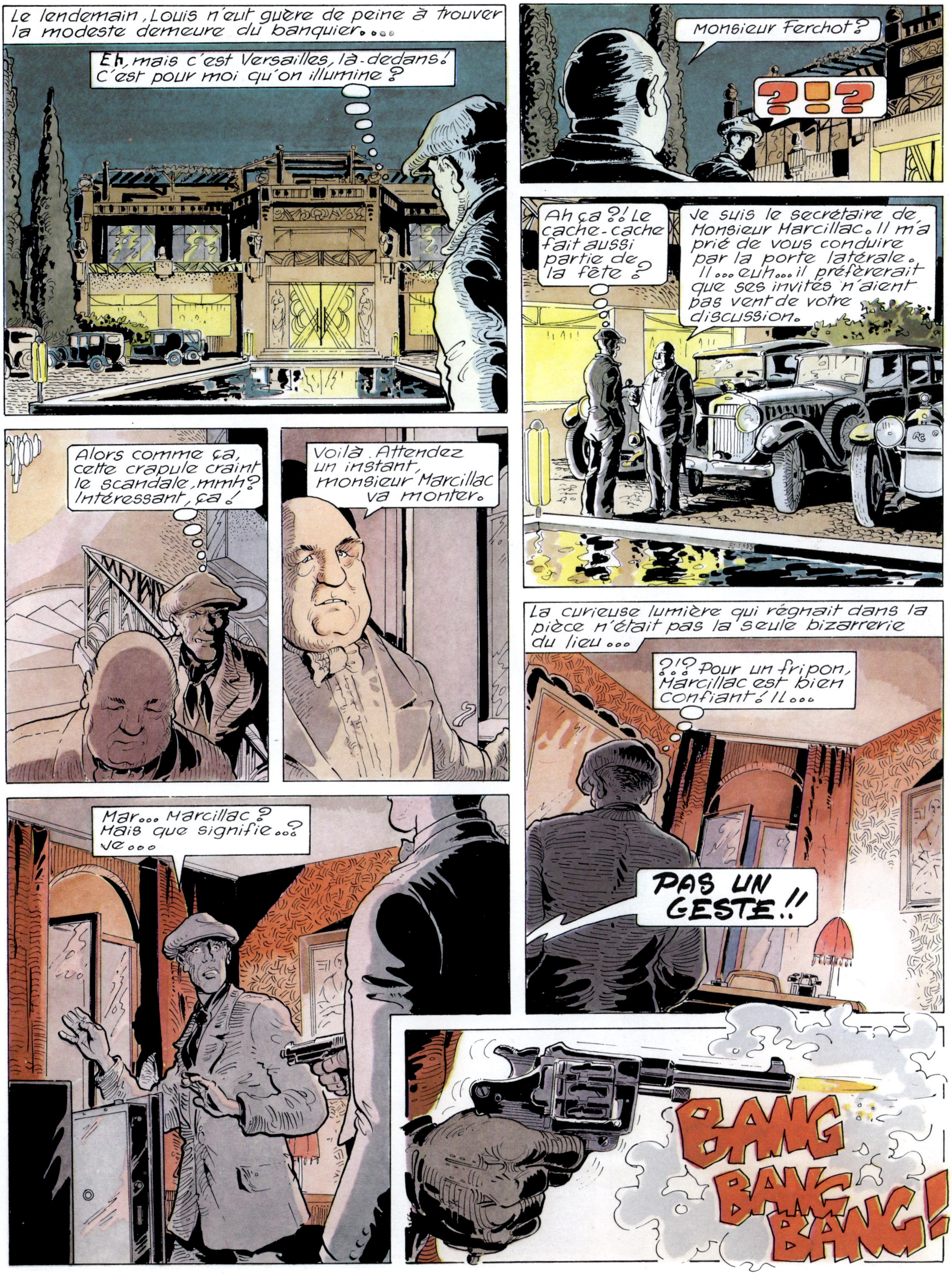
Le lendemain, Louis n'eut guère de peine à trouver la modeste demeure du banquier...
Eh, mais c'est Versailles, là-dedans! C'est pour moi qu'on illumine?
Monsieur Ferchot?
?!?
Ah ça?! Le cache-cache fait aussi partie de la fête?
Je suis le secrétaire de Monsieur Marcillac. Il m'a prié de vous conduire par la porte latérale. Il... euh... il préférerait que ses invités n'aient pas vent de votre discussion.
Alors comme ça, cette crapule craint le scandale, mmh? Intéressant, ça!
Voilà. Attendez un instant, monsieur Marcillac va monter.
La curieuse lumière qui régnait dans la pièce n'était pas la seule bizarrerie du lieu...
?!? Pour un fripon, Marcillac est bien confiant! Il...
PAS UN GESTE!!
Mar... Marcillac? Mais que signifie...? Je...
BANG BANG BANG!

AAAAHH!!
Qu'est-ce que c'est?!?...
On a tiré!?!...
Hiiii!
Ça vient du bureau!!
Si on me trouve seul avec un cadavre... On va encore...
BLING!
Hélà!
...Se faire des... idées!
OUSH!

Même le crane d'un bagnard a une résistance limitée...
... et c'est à travers un brouillard rouge que Louis essayait en vain de donner une certaine cohérence à ses gestes.
Bon Dieu! Il... Il ne faut pas qu'il s'échappe!
Lachez cette arme!
... sans trop comprendre ce que voulaient ces formes grimaçantes...
Monsieur Marcillac!
Laissez passer!
Lui restait-il seulement assez de lucidité pour s'interroger sur l'insolite présence de ces hommes en uniforme?
Passait... rue voisine... coups de feu...
Inconscient... pouls... presque plus...
... A qui il obeissait comme un automate... Un automate qu'on allait ranger dans une boîte pour peut-être ne plus jamais l'en laisser sortir...
..Heureusement ...l'assassin... Compte est bon..

Louis ne retrouva complètement ses sens qu'avec l'ambiance enjouée du commissariat de quartier.
Alors, tu vas parler, oui ?
Mais je vous ai tout dit ! Recherchez plutôt le secrétaire de Marcillac : il vous en racontera plus que moi !
On t'a déjà dit que c'était pas son secrétaire !
D'après votre description, il s'agit d'un des garçons engagés pour la réception.
Pour une demi-journée, on ne lui a demandé ni son nom ni son adresse... Et puis... pourquoi perdre du temps sur une fausse piste ? Tout vous désigne !
Le coffre ouvert, cette arme du modèle utilisé dans votre ancienne unité avec dessus vos seules empreintes et surtout... Le mobile du crime !
Vous n'êtes pas un inconnu dans la maison. Après vos "exploits" en Mer Noire, nous vous avons suivi de près. Nous savons comment est morte votre mère. Le vol n'est pas votre seul mobile : Vous avez aussi agi par vengeance, Ferchot !
Et pis c't'un rouge ! Et un bagnard, en plus !
Latuile n'a pas tort : vos antécédents vont peser lourd dans la balance... Vous avez échappé au peloton en 19 mais cette fois, vous n'échapperez pas à la "veuve"* FERCHOT !
* Surnom donné à la guillotine.

Mais bientôt l'aube vint, porteuse d'espoir et d'encre fraîche...
Hé les gars! Regardez ce qui est arrivé à Louis!
Bon Dieu! Il a fait du grabuge?!?
Plutôt oui! Jetez un coup d'œil sur la dernière édition! "Dernière minute, le banquier Eugène Marcillac, bien connu des cercles mondains du Tout-Paris, vient d'être l'objet d'une agression criminelle dont l'auteur serait un certain Louis Ferchot, déjà condamné pour agitation "submersible"... estétéra, estétéra!
Quelle tête de lard! Il a voulu agir seul et voilà le travail!
L'heure n'est plus aux critiques: faut pas le laisser tomber!
Sûr, sinon il y passe. Couic!
D'après le journal, il est encore au commissariat du quartier. Il faut agir avant qu'ils ne l'aient transféré au quai! Passez-moi un plan!
Ignorant que, dans l'ombre, on veillait sur lui, Louis n'avait guère dormi...
Alors t'as réfléchi?
Paraît que Marcillac n'est pas mort: quand il sera sur pied, il pourra tout vous dire, lui!
Si t'as pas perdu la tête avant, Ha! Ha! Ha!
Le rire de Latuile était un sinistre présage. Pourtant, le soir...
?
Hé, gendarme!

C'est la pharmacie Dupin: j'apporte les aspirines.
Qu'est-ce que c'est que cette histoire?!? On n'a pas besoin d'aspirine ici!?
BOUILLON DU
Ça, ça m'étonnerait!
Vite! Et pas de cadeau pour cette engeance!
V 2948
Hé?!Qu'est-ce que c'est que cette galopade??Je...
CRAC!
CRAC!
Mains sur la tête tous! Et jouez pas aux héros!!
Toi, les clés du mitard! Et en vitesse!

Allez, zou! La pénitence est finie, garnement!
Grouille, Louis! Ça risque de chauffer dans un moment!
Ça y est! Ils ont Louis! On peut y aller!
Hé?!
Mais?!! vous êtes une... une...
OUCH!
une femme!
L'agent Landry n'était pas le seul à avoir des problèmes intimes: mais ceux du brigadier Latuile n'allaient pas porter chance aux fugitifs...
Crénom! Les collègues ont des pépins!
PAW
PAW
PAW
PAW

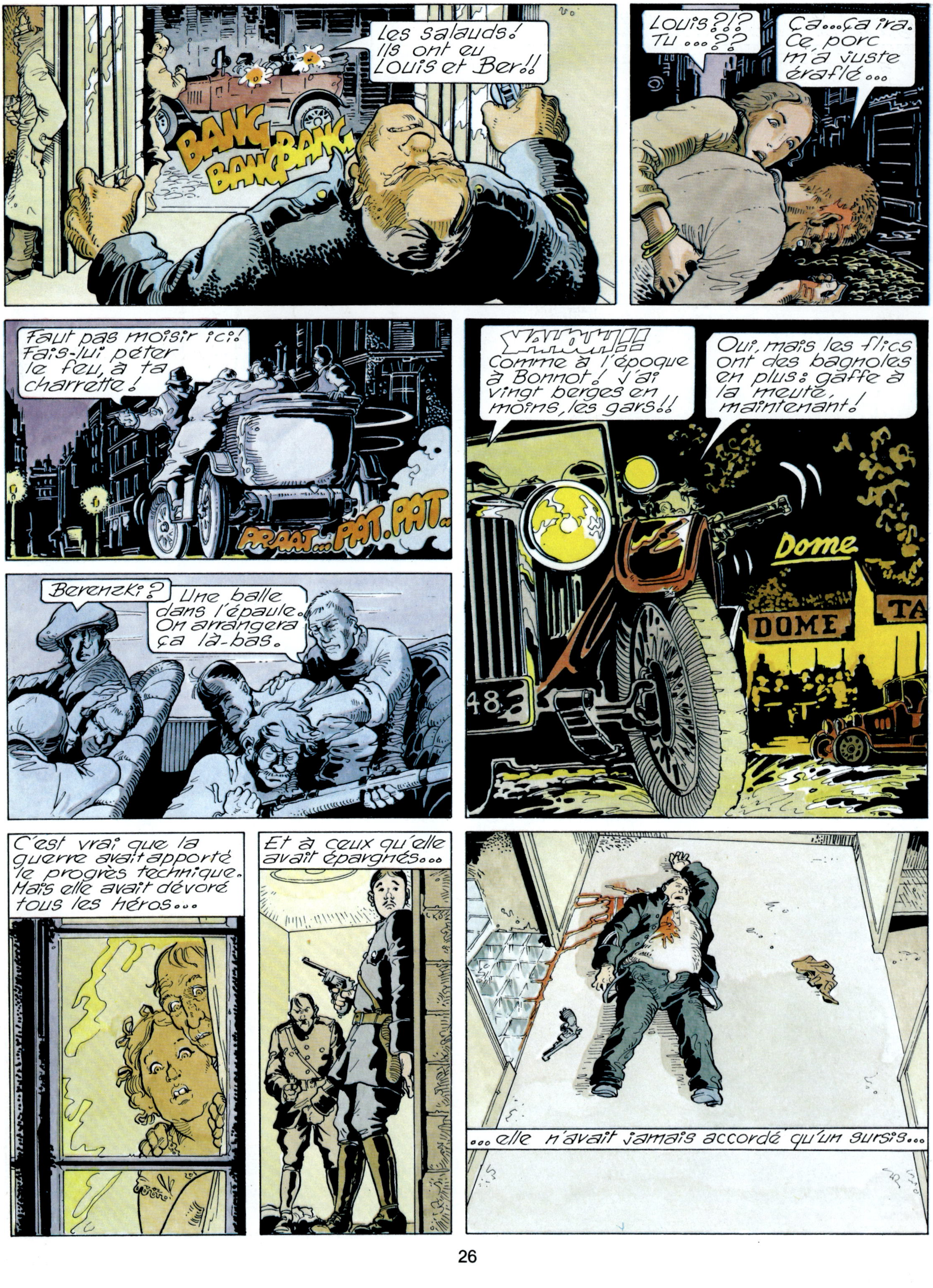
Les salauds! Ils ont eu Louis et Ber!!
BANG
BANG BANG
Louis?!? Tu...??
Ça... ça ira. Ce porc m'a juste éraflé...
Faut pas moisir ici! Fais-lui péter le feu, à ta charrette!
PRAAT... PAT. PAT..
YAHOUH!! Comme à l'époque à Bonnot! J'ai vingt berges en moins, les gars!!
Oui, mais les flics ont des bagnoles en plus: gaffe à la meute, maintenant!
Dome
DOME
Berenzki?
Une balle dans l'épaule. On arrangera ça là-bas.
C'est vrai que la guerre avait apporté le progrès technique. Mais elle avait dévoré tous les héros...
Et à ceux qu'elle avait épargnés...
...elle n'avait jamais accordé qu'un sursis...

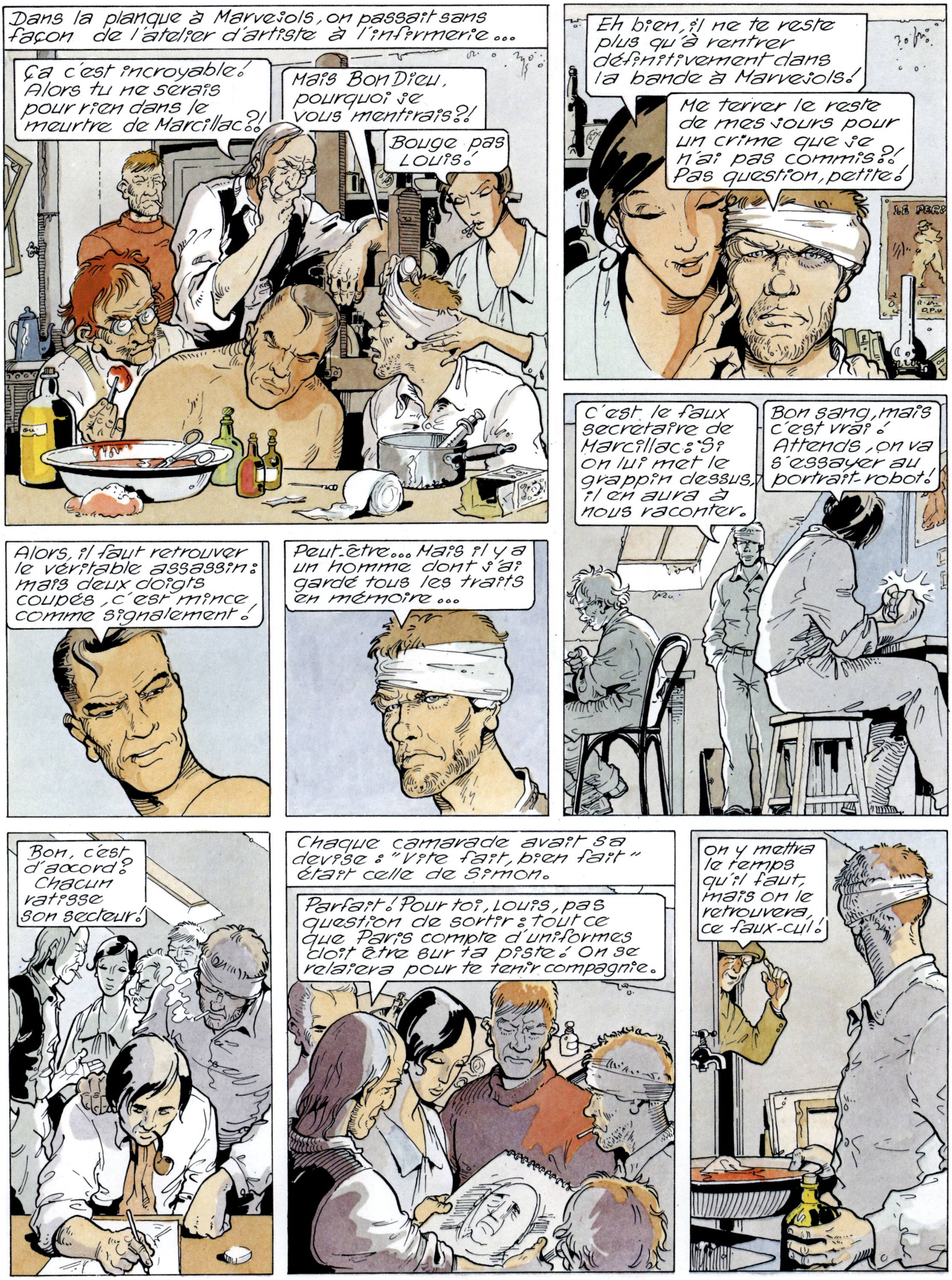

Dans la planque à Marvejols, on passait sans façon de l'atelier d'artiste à l'infirmerie...
Ça c'est incroyable! Alors tu ne serais pour rien dans le meurtre de Marcillac?!
Mais Bon Dieu, pourquoi je vous mentirais?!
Bouge pas Louis!
Eh bien, il ne te reste plus qu'à rentrer définitivement dans la bande à Marvejols!
Me terrer le reste de mes jours pour un crime que je n'ai pas commis?! Pas question, petite!
Alors, il faut retrouver le véritable assassin: mais deux doigts coupés, c'est mince comme signalement!
Peut-être... Mais il y a un homme dont j'ai gardé tous les traits en mémoire...
C'est le faux secrétaire de Marcillac: si on lui met le grappin dessus, il en aura à nous raconter.
Bon sang, mais c'est vrai! Attends, on va s'essayer au portrait-robot!
Bon, c'est d'accord? Chacun ratisse son secteur!
Chaque camarade avait sa devise: "Vite fait, bien fait" était celle de Simon.
Parfait! Pour toi, Louis, pas question de sortir: tout ce que Paris compte d'uniformes doit être sur ta piste! On se relaiera pour te tenir compagnie.
On y mettra le temps qu'il faut, mais on le retrouvera, ce faux-cul!

La traque commença. Dans le monde de tous ceux qui manquaient de ressources et de scrupules.
Emigrés remuants...
Faussaires méfiants...
Journalistes friands de tous délits, à la mémoire d'or...
..Et tous ceux dont aucun idéal n'entrobait les méfaits.
Cette tête de noeud, elle te dit quelque chose?
C't'un soldat américain que j'ai un peu aidé en 18 qui m'l'a offert. Mais moi, j'ai jamais pu trahir mon biniou!
PFOOUN
Les jours s'égrenaient. Toujours plus courts au calendrier, mais toujours plus longs pour Louis...
L'espoir avait déjà quitté les coeurs quand le premier indice arriva. De façon tout à fait inattendue.
Mademoiselle, permettez à un vieil habitué des revues de mode de vous dire combien...
J'apprécie vos compliments à leur juste valeur, monsieur, mais hélas je ne peux...
OH ?!?

Ah! C'est ma main qui vous étonne? Une mauvaise blessure contractée dans le Rif...
Bon sang! c'est inespéré!!
Dans le Rif?! Mais vous avez dû avoir une vie passionnante monsieur...?
Rosebud... Anthony Rosebud.
Passionnante mais... combien longue à conter! Alors, que choisissons-nous? Maxim's? Duguet?
Les appointements de Lucienne passant dans l'entretien du "gang" ne lui permettaient guère de fréquenter ce genre de local...
DUGUE
Aussi le choix dut-il beaucoup au hasard.
Le repas commençait par un xérès généreux: de quoi mettre plus facilement en confiance...
Mais, votre nom, Anthony? Et cette pointe d'accent?
Ah! Souvenirs...
...et surtout en confidences!
Il y a bien longtemps, Anthony Clampton était le digne rejeton d'une famille très "victorienne" de Ramsgate, dans le Kent. Promis à une quelconque greluche de sa classe...
Et puis elle est venue...
Elle?

Une actrice. Mariée à un ballot dans mon genre. Ça s'est terminé par un des derniers duels du Kent...
Le sol anglais était devenu trop brûlant pour moi. Et bientôt il n'est resté du jeune Clampton que le lieutenant Rosebud de la Légion étrangère...
La Légion? Fascinant! Et... vous avez tué des hommes??
La boucherie que nous venons de vivre a fait des millions de victimes! Comment attacher encore une importance à la mort?
Il y eut encore des légions d'histoires et des histoires de Légion... Mais si les trois bouteilles de Dom Pérignon avaient achevé de griser Lucienne...
Mais maintenant, Anthony... de quoi vivez-vous ?
...elles n'avaient pas rendu Rosebud plus loquace sur son passé immédiat...
De quoi... ce n'est guère important. Demandez-moi plutôt pour quoi, chère Lucienne ou... pour qui?
Au fond, Lucienne ne s'était guère attendue à d'extraordinaires révélations dès le premier jour...
HIPS!
Sans doute faudrait-il du temps...
Je suis née dans l'faubourg Saint D'nis La-la-la...
REVUE NÈGRE
...mais le destin leur en laisserait-il suffisamment?
AAAAHHH!

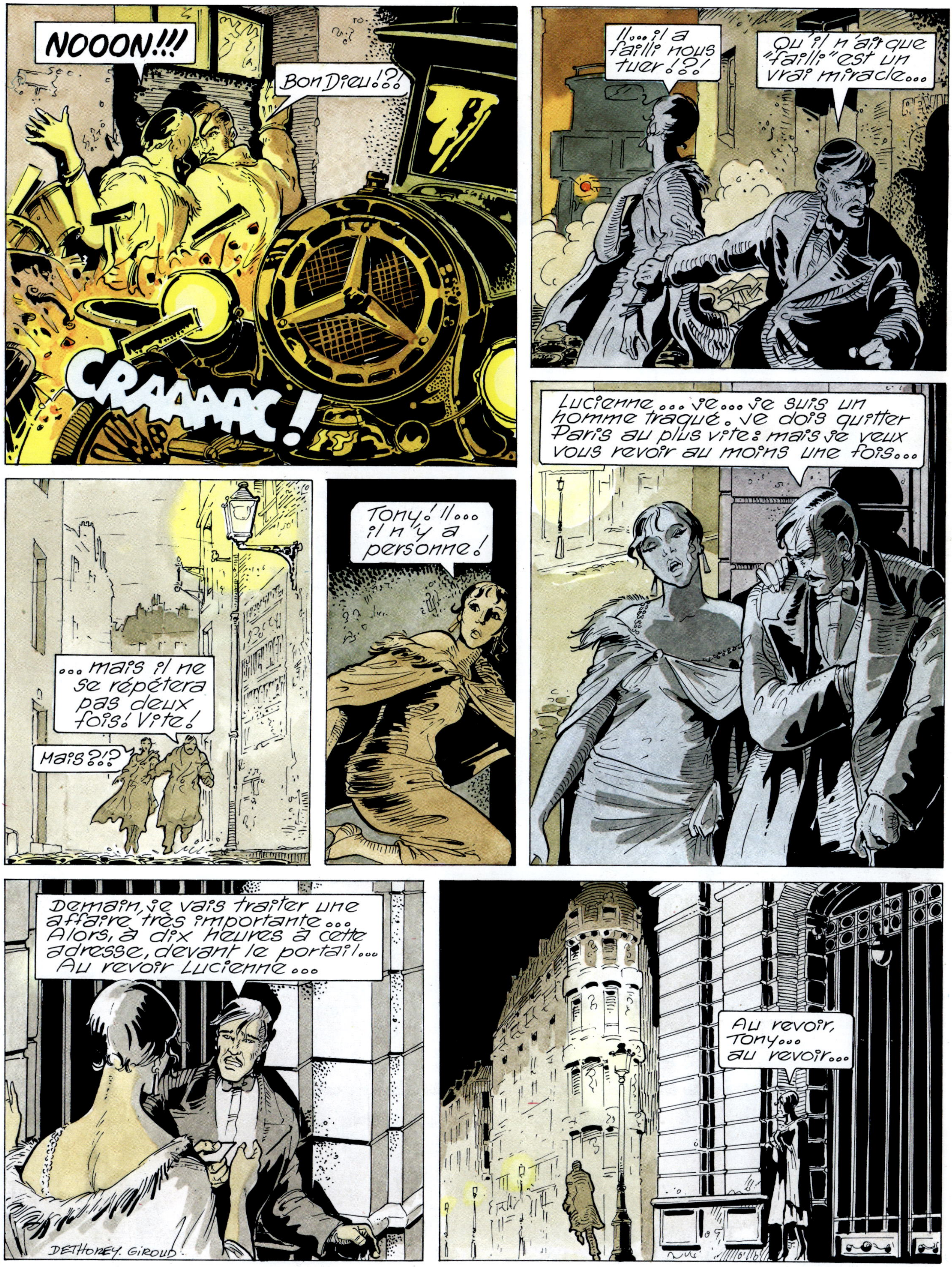
NOOON!!!
Bon Dieu!?!
CRAAAAC!
Il... il a failli nous tuer!?!
Qu'il n'ait que "failli" est un vrai miracle...
...mais il ne se répétera pas deux fois! Vite!
Mais?!?
Tony! Il... il n'y a personne!
Lucienne... je... je suis un homme traqué. Je dois quitter Paris au plus vite: mais je veux vous revoir au moins une fois...
Demain, je vais traiter une affaire très importante... Alors, à dix heures à cette adresse, devant le portail... Au revoir Lucienne...
DETHOREY. GIROUD
Au revoir, Tony... au revoir...

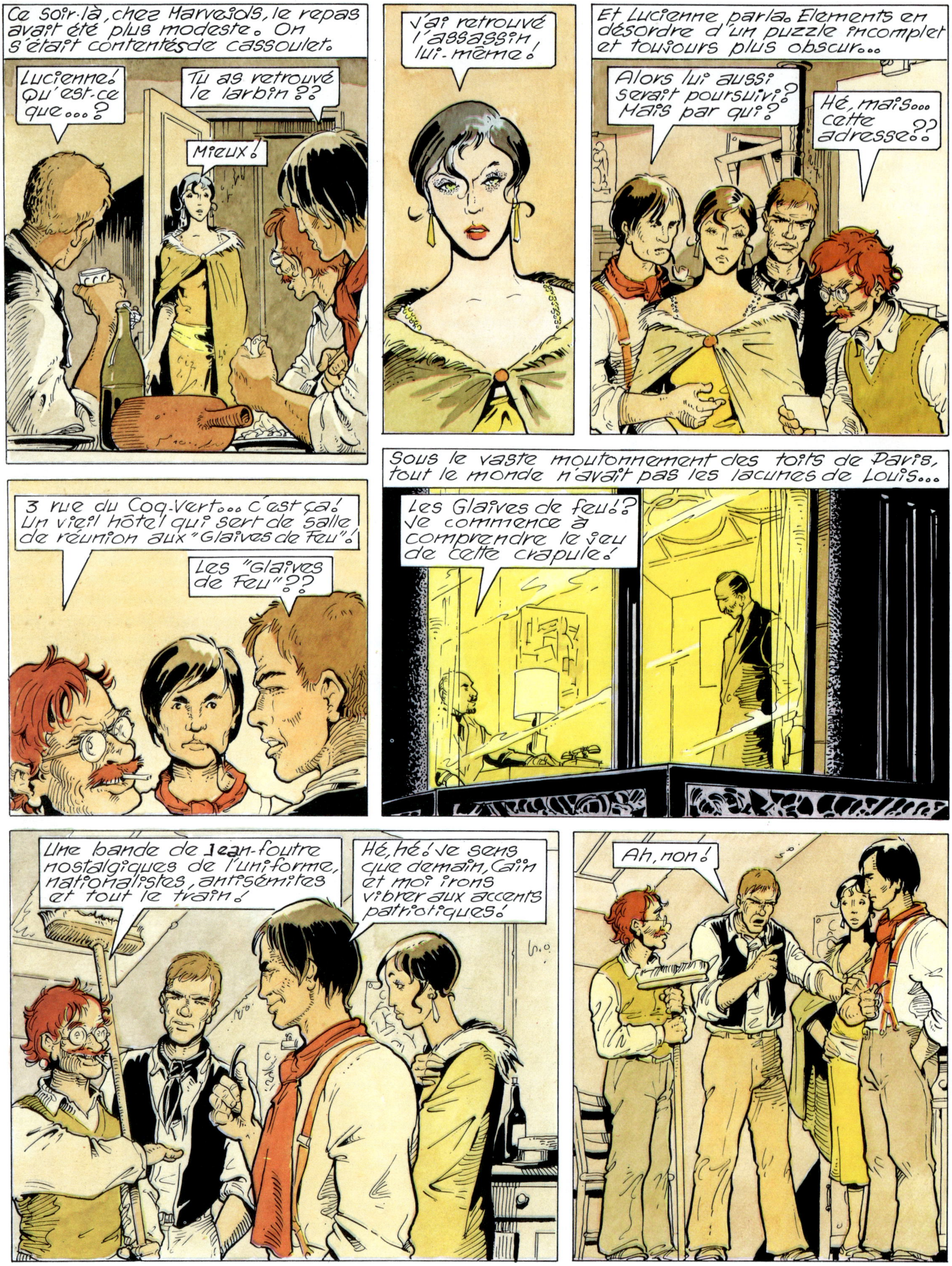
Ce soir-là, chez Marvejols, le repas avait été plus modeste. On s'était contentés de cassoulet.
Lucienne! Qu'est-ce que...?
Tu as retrouvé le larbin??
Mieux!
J'ai retrouvé l'assassin lui-même!
Et Lucienne parla. Elements en désordre d'un puzzle incomplet et toujours plus obscur...
Alors lui aussi serait poursuivi? Mais par qui?
Hé, mais... cette adresse??
3 rue du Coq-Vert... C'est ça! Un vieil hôtel qui sert de salle de réunion aux "Glaives de Feu"!
Les "Glaives de Feu"??
Sous le vaste moutonnement des toits de Paris, tout le monde n'avait pas les lacunes de Louis...
Les Glaives de feu!? Je commence à comprendre le jeu de cette crapule!
Une bande de jean-foutre nostalgiques de l'uniforme, nationalistes, antisémites et tout le train!
Hé, hé! Je sens que demain, Caïn et moi irons vibrer aux accents patriotiques!
Ah, non!

J'en ai assez de vous savoir exposés à ma place pendant que je me terre comme un cloporte! Demain c'est moi qui agirai!
Mais Louis, Rosebud te connaît!
Le soir du crime, on y voyait à peine dans le bureau de Harcillac...
...J'éviterai de me mettre trop près de Rosebud.
Enfin, je suis le seul à pouvoir pénétrer sans risque: avec mes huit ans d'uniforme, je suis un frère pour eux.
Suffira que je passe sous silence mon année dans la Mer Noire!
Mmh... Ça ne me plaît pas!
Prends aussi la charrette... au cas où tu serais obligé de quitter tes "frères" plus vite que prévu.
Tu es gentil, Simon, mais c'est décidé.
Alors prends ça et n'hésite pas à t'en servir: personne ne te fera de cadeau!
DETHOREY. GIROUD.
Oui maman!
Sale môme!
Rue du Coq-Vert... Là plus qu'ailleurs, Paris avait sa sale gueule des soirs de novembre...
C'est là. Je vais surtout essayer de voir si cette bande de tordus a quelque chose à voir dans l'affaire Marcillac. A toi de t'occuper de Rosebud quand il sortira.
O.K. Fais attention à toi, LOUIS...

L'entrée avait été plus facile qu'il ne l'espérait.
Apparemment le mouvement en était à ses débuts... On recrutait ferme!
Et puis... Louis avait croisé tant de destins!
Trochu "Bille en bois"!! Sacré vieux baroudeur! Alors comme ça tu rempiles!?
Alors, c'est ça les "Glaives de Feu"... Pauvre France...
...et tandis que pour nous, qui avons sans compter versé notre sang pour la patrie, pour nous qui sommes l'orgueil de la France c'est le chômage, l'oubli et l'humiliation, nos députés se compromettent sans vergogne dans les louches tractations de leurs complices les Juifs apatrides!
ARDEUR
Car la Youtrerie internationale a posé sur notre pays ses hideux tentacules!
Hé... Mais!? Si j'en crois la description de Lucienne, c'est notre ami Rosebud!
Je vais me rappr... Hé?! Qu'est-ce que c'est que ce manège?

Apparemment, Louis n'était pas le seul à s'intéresser à Rosebud...
Il y a quelques jours, on nous a informés d'un autre scandale où sont compromis ministres et élus du peuple !...
Ah non ! Rosebud est ma dernière carte ! Pas question qu'on me l'enlève ! Ah ! là...
Il faut purger l'Hémicycle et reprendre le rôle qui nous a été volé après la victoire !
Hé ! Qu'est-ce que c'est ?!?
Sabotage !!
C'est un attentat judéo-franc-maçon !!
Aux armes !
Du calme ! Nous avons la situation bien en mains !
Rosebud ! "Ils" sont là ! Filez par derrière, vite !
Mais ?!? Qui êtes-vous ? Que..?
Enfin la youtrerie agit au grand jour !
Au grand jour, au grand jour ! C'est vite dit !
Trouvez plutôt des chandelles !
Ne discutez pas, crénom ! Filez !
?!?
Pourvu que Lucienne le récupère !

TONY! C'est moi!
L'étau s'est resserré, Lucienne! Prenez cette lettre, c'est pour elle qu'on veut m'abattre...
Vous me la rapporterez dans trois jours à l'Hôtel "Hanovre" si je me...
TONY! Les voilà!
Cachez-vous, Lucienne! Rendez-vous au "Hanovre"!
DETICH. BOIS.
Là-bas!
PAW!
!?
DETHOREY GIROUD

Louis! Tu m'as fait une peur...
Rosebud?
Bully
Il a réussi à filer, mais il m'a laissé une lettre...
Une lettre?
C'est pour elle qu'on le traque.
Voyons...
DETHOREY. GIROUD.
C'est... C'est tout?? Mais qu'est-ce que ça veut dire?
Mardi 9 Mars
Cher monsieur,
L'opération a été décidée. Elle sera annoncée à la presse jeudi matin. D'ici là, tâchez d'avoir pris vos dispositions.
A.LG
Aucune idée... Et puis pour savoir d'où elle vient... l'en-tête a été déchiré
Un papier à en-tête... Il doit y avoir du beau monde, là-dessous!
Si au moins on savait ce qui s'est passé à cette date...
Hé mais?!? Il y a quelqu'un qui pourrait nous renseigner!
Le notaire!

L'arrivée de Louis n'eut pas l'air de ravir maître Morbecque...
Monsieur Ferchot?! vous... vous êtes fou!? Toute la police vous recherche!
Mais je suis innocent! Et vous pouvez m'aider! Pouvez-vous savoir ce que signifie cette lettre?
Nom de Dieu!
Monsieur Ferchot, lors de votre arrivée ici, je ne vous ai pas tout dit...
Vous savez que notre gouvernement connaît des difficultés financières aiguës et qu'il a été amené à pratiquer la dévaluation...
LE GOUVERNEMENT DEVALUE!
Pour être efficace, une telle opération doit être tenue secrète: sinon, vous imaginez la vague de spéculations, compromettant tout effet par avance...
Or un homme a eu vent de la dernière dévaluation, il y a un an: Harcillac!

Prévenu par Auguste Le Guennec, attaché au ministère des finances. En un jour, Marcillac a gagné des centaines de millions dont Le Guennec a touché une part confortable.
Mais le hasard fit que ce jour-là, le téléphone de Marcillac était en dérangement...
...Comme à la veille d'une dévaluation Le Guennec ne pouvait courir le risque d'être vu avec un banquier, il eut recours à ce billet.
Mais le banquier devint gourmand: il voulait être tenu au courant de toutes les futures dévaluations. Trop risqué pour Le Guennec: il refusa. Alors, Marcillac menaça de se servir de la fameuse lettre.
Terrible menace: sa trahison connue, Le Guennec était un homme fini.
Il fallait supprimer Marcillac. Mais d'une manière telle que jamais personne ne puisse établir une relation avec Le Guennec. L'idée, c'est Marcel Tronchard qui la trouva.
Préfet de police, ami de Le Guennec, et solidaire d'un gouvernement qui risquait de chanceler avec la divulgation du scandale, c'est lui qui a trouvé le bouc-émissaire idéal:
Vous, Ferchot!
Hein?!

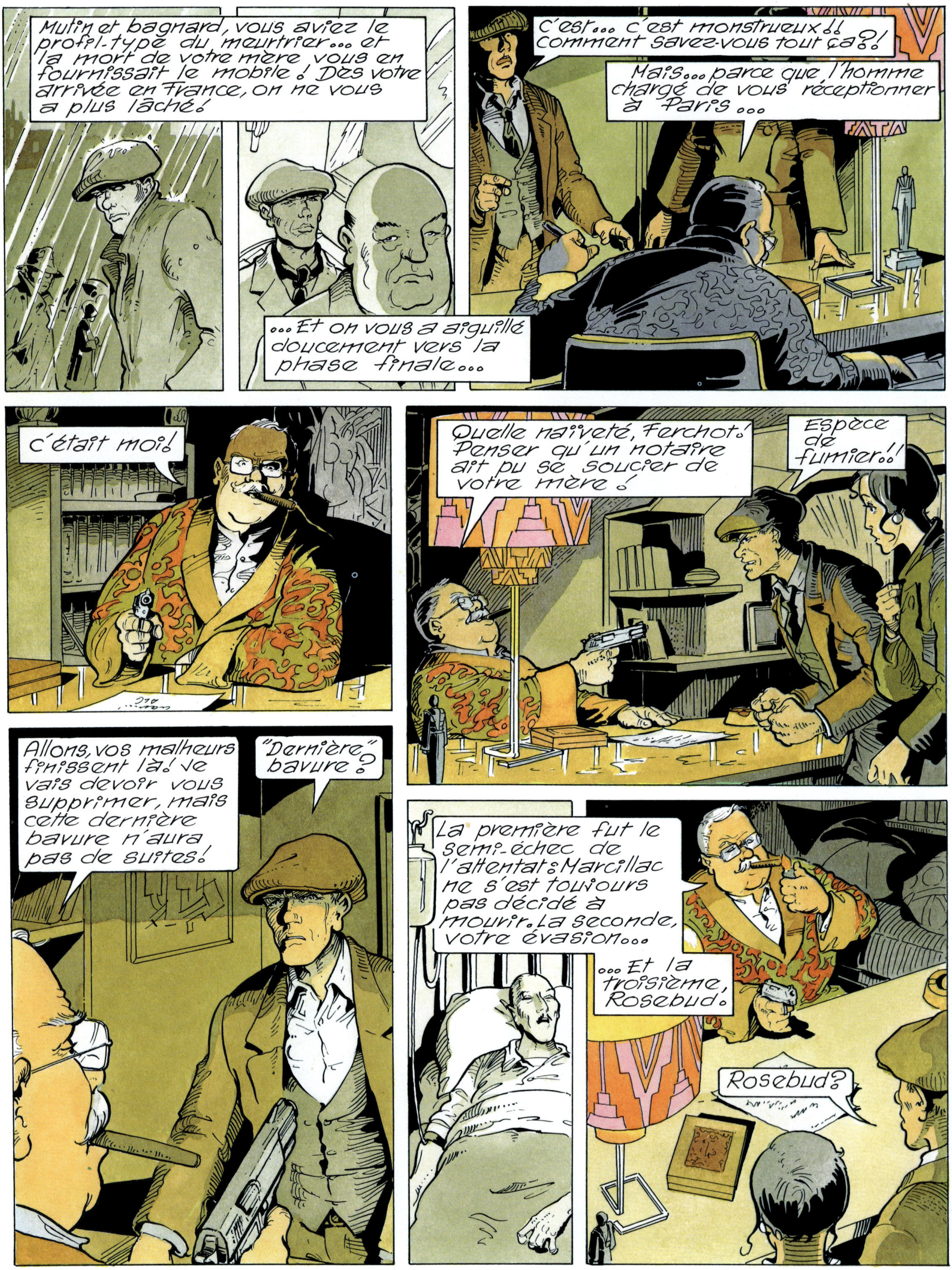

Mutin et bagnard, vous aviez le profil-type du meurtrier... et la mort de votre mère vous en fournissait le mobile! Dès votre arrivée en France, on ne vous a plus lâché!
...Et on vous a aiguillé doucement vers la phase finale...
C'est... c'est monstrueux!! comment savez-vous tout ça?!
Mais... parce que l'homme chargé de vous réceptionner à Paris...
C'était moi!
Quelle naïveté, Ferchot! Penser qu'un notaire ait pu se soucier de votre mère!
Espèce de fumier!!
Allons, vos malheurs finissent là! Je vais devoir vous supprimer, mais cette dernière bavure n'aura pas de suites!
"Dernière" bavure?
La première fut le semi-échec de l'attentat: Marcillac ne s'est toujours pas décidé à mourir. La seconde, votre évasion...
...Et la troisième, Rosebud.
Rosebud?

Un ancien légionnaire chargé de récupérer la lettre et d'abattre Marcillac au moment où vous seriez dans son bureau...
Non content de m'avoir fait le travail qu'à moitié, il a eu l'audace de négocier la lettre : un nouveau chantage que nous ne pouvions pas accepter !
Nous l'avons suivi et c'est ainsi que nous avons découvert ses contacts avec les "Glaives de Feu", prêts à lui acheter un document si compromettant pour le régime.
Rosebud s'est échappé, mais grâce à vous, j'ai la lettre !
Plus pour longtemps, cher maître...
DETHOREY-GIROUD.
PAN !
Vite ! A la voiture !

Aller tout raconter à la police eut été du suicide...
...Il ne restait plus que le vieux refuge habituel!
Lucienne! Louis! Alors?!
Alors? Alors, j'espère que tu as assez de chaises pour tous, Harvejols!
Parce que ce que je vais vous apprendre, ça va vraiment vous asseoir!
Et Louis raconta toute l'histoire. Une histoire qu'on n'apprendrait jamais dans les livres d'enfants...
Mais dis donc, ça va faire un pétard terrible, quand tout Paris va savoir ça!
Sûr! Faut aller voir tous les journaux! Avec la lettre et sans attendre!
Millerand, Poincaré, balayés!
Ha, ha! Dans pas tard, l'internationale va résonner dans toutes les rues!
Ouais... En attendant, ce qui va résonner ici...
Ce serait plutôt le requiem...
DETHOREY. GIROUD.

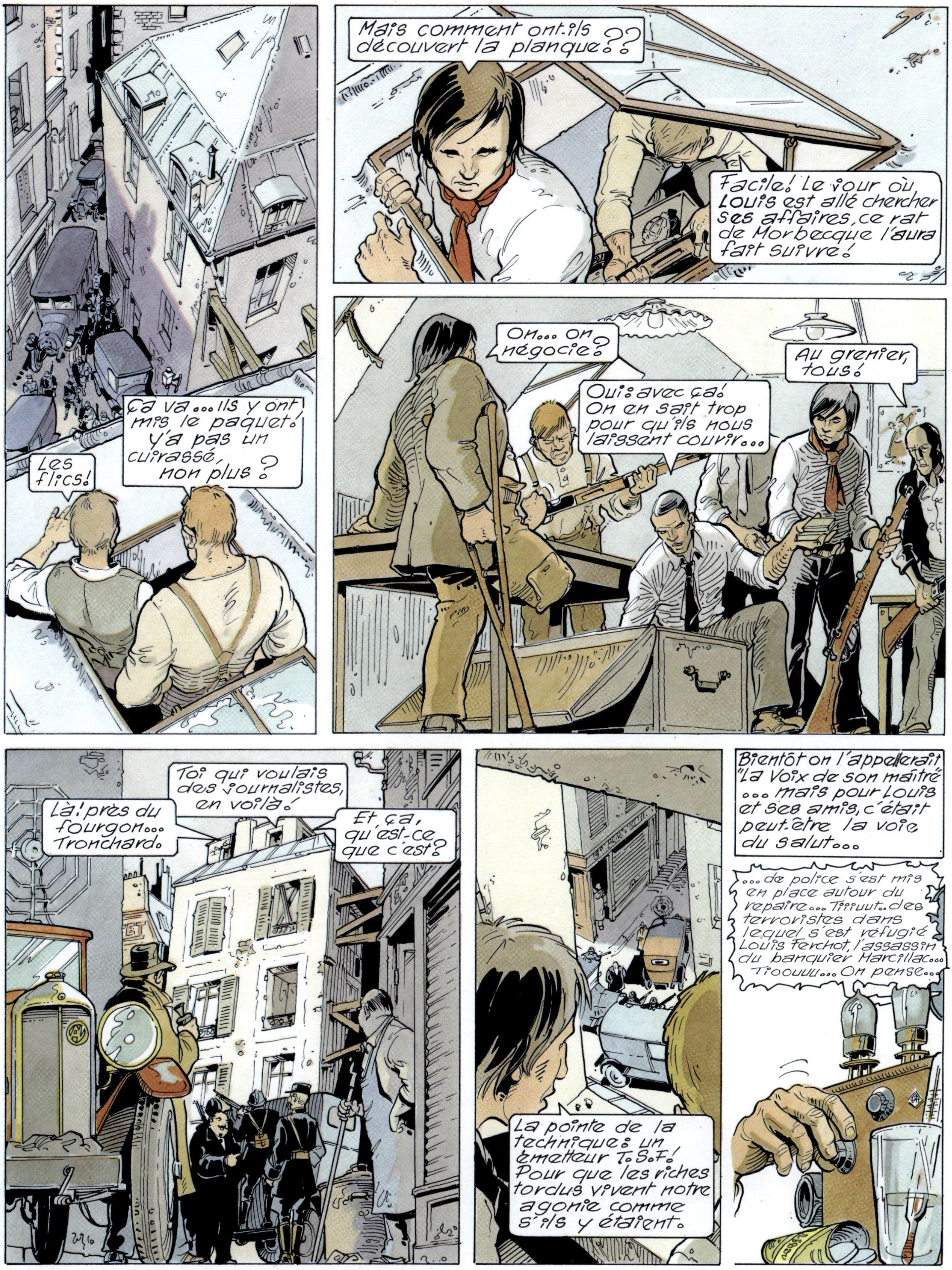

Mais comment ont-ils découvert la planque ? ?
Facile ! Le jour où Louis est allé chercher ses affaires, ce rat de Morbecque l'aura fait suivre !
Les flics !
Ça va... ils y ont mis le paquet ! Y'a pas un cuirassé, non plus ?
On... on négocie ?
Oui : avec ça ! On en sait trop pour qu'ils nous laissent couvrir...
Au grenier, tous !
Là ! près du fourgon... Tronchard.
Toi qui voulais des journalistes, en voilà !
Et ça, qu'est-ce que c'est ?
La pointe de la technique : un émetteur T.S.F. ! Pour que les riches tordus vivent notre agonie comme s'ils y étaient.
Bientôt on l'appellerait "La Voix de son maître" ... mais pour Louis et ses amis, c'était peut-être la voie du salut...
...de police s'est mis en place autour du repaire... Tiiiuut.. des terroristes dans lequel s'est réfugié Louis Ferchot, l'assassin du banquier Marcillac... Tioouuu... On pense...

Ferchot! Ici Tronchard! Sortez un par un ou nous donnons l'assaut!
Va au diable, pourri!
PAW
Baissez-vous, Monsieur le préfet!
Nom de Dieu! Transformez-moi ce trou à rats en tas de gravats!!
TCHAF!
RAF!
A terre!!
A ton biniou, Triple-patte! Le bal est ouvert!
Qu'est-ce qu'y croit, ce con...
Pas un de vous n'en sortira vivant!? Vous m'entendez? Pas un!!
... Qu'il est à la chasse au lapin?!
DETHOREY. GIROUD. 82.

TRAAAAA... TRAA... TAC... TAC
BRAAAF...!
?!? C'est une succursale des arsenaux, ici ?!
Liquidez-moi ce fou furieux !
BLING !
TCHAF !
NON !!
Ils concentrent le tir sur Caïn ! Il faut...
PWINN...
Ber ! ? NON !!
RAW
Attention ! là !!!
Ils viennent de par en dess... Aaah !!
TIUF !..
TUUFF !..
TUUFF !
DETHOREY. GIROUD.

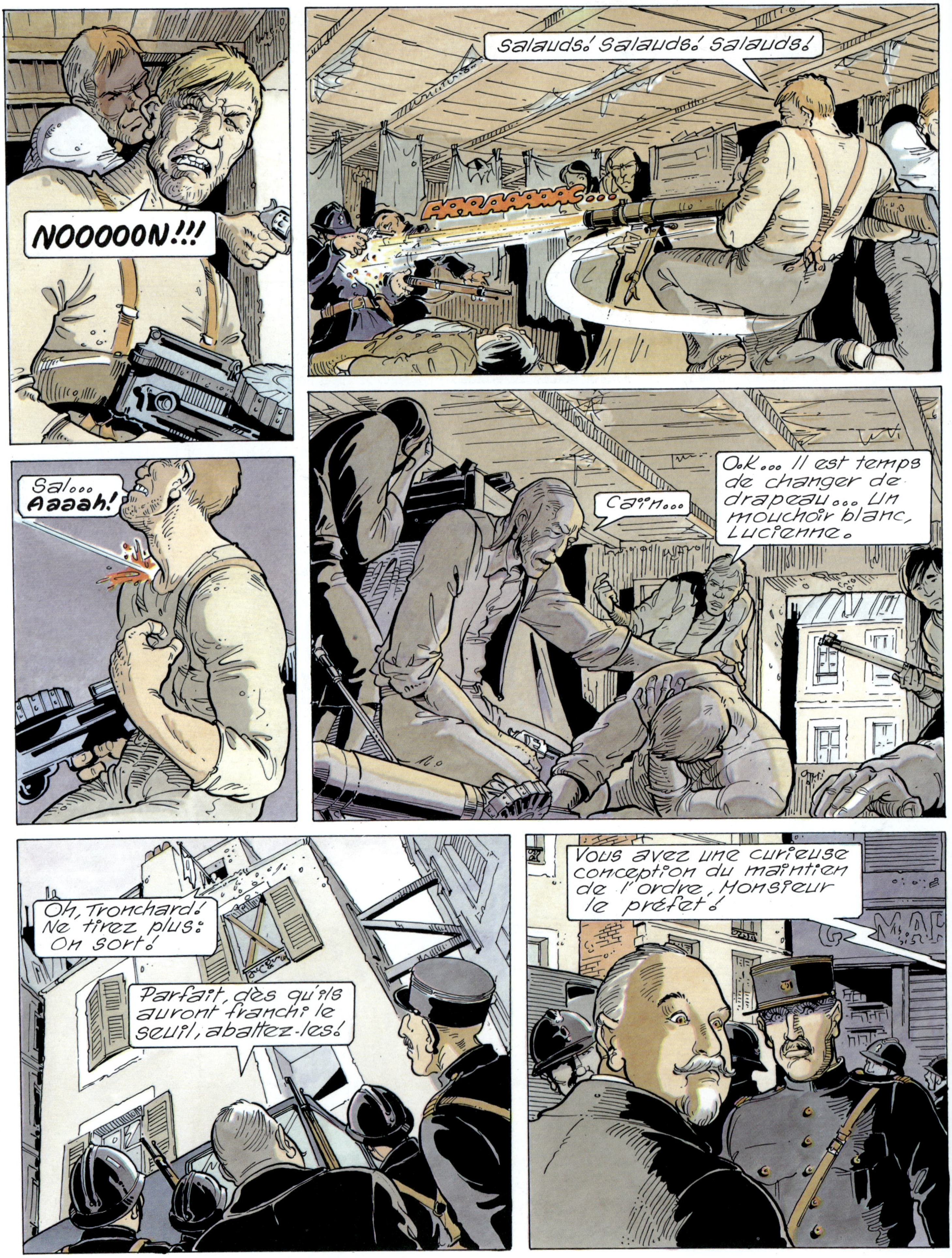
NOOOOON!!!
Salauds! Salauds! Salauds!
ARRAAAAAC...
Sal... Aaaah!
Caïn...
O.K... Il est temps de changer de drapeau... Un mouchoir blanc, Lucienne.
Oh, Tronchard! Ne tirez plus: On sort!
Parfait, dès qu'ils auront franchi le seuil, abattez-les!
Vous avez une curieuse conception du maintien de l'ordre, Monsieur le préfet!

Marcillac!
J'ai l'impression qu'on a misé un peu trop sur ma mort dans cette histoire! Laissez Ferchot tranquille, il est innocent!
Voyons, Marcillac! Tout le monde le croit coupable: c'est donc qu'il l'est...
Le Guennec! Je me doutais que vous seriez venu assister à l'hallali!
Vous allez faire arrêter ça et me suivre chez des policiers moins corrompus!
Vous avez entendu, mon cher Tronchard? Il a insulté la police...
...Et il m'a menacé!
PAW!
BANG!
Marcillac!
Cette fois, le travail a été bien fait...
Monsieur le secrétaire d'état est mort, Monsieur.
Dans ce cas, il ne reste plus qu'à oublier cette affaire... Dans l'intérêt de tous.
Quoi?!

Dans l'intérêt de votre gouvernement pourri, oui!
Mmh! La gauche déchirée, les ligues qui montent... Ce sont les généraux à l'Elysée que vous voulez? Non? Alors brûlez cette lettre et laissez tomber! Adieu Ferchot...
Adieu, Triple-patte!
Et maintenant?
Au diable tout ça! Célestin et Caïn sont vivants! On les soignera et on trouvera une autre planque...
Et toi Louis?
Moi?
La neige avait fini par tomber sur ces quais où ne résonneraient jamais plus le biniou de Triple-patte ni les sentences de Ber...
DETHOREY - GIROUD - 82
De Cayenne à Paris, la France était bien la même... Avant de trouver la justice, il te faudrait encore en faire du chemin, Louis!
Prochain épisode
. Moulin Rouge .